TWO SHORES

DEUX RIVES

TWO SHORES

~

DEUX RIVES

Poems / Poèmes

Thuong Vuong-Riddick

RONSDALE PRESS
1995

RONSDALE PRESS
3350 West 21st Avenue
Vancouver, B.C. Canada
V6S 1G7

Typeset by The Typeworks in Baskerville, 11 pt on 13½
Printing: Hignell Printing, Winnipeg, Manitoba
Cover Design: Cecilia Jang

The publisher wishes to thank the Multiculturalism Programs of the Department of Canadian Heritage, the Canada Council and the British Columbia Cultural Services Branch for their financial assistance.

CANADIAN CATALOGUING-IN-PUBLICATION DATA

Vuong-Riddick, Thuong, 1940–
  Two shores - Deux rives

  Poems.
  Text in English and French.
  ISBN 0-921870-35-3

  I. Title.   II. Title: Deux rives.
PS8593.U65T96   1995   C811'.54   C95-910666-9E
PR9199.3.V86T96   1995

  Poèmes.
  Texte en anglais et en français.
  ISBN 0-921870-35-3

  I. Titre.   II. Titre: Deux rives.
PS8593.U65T96   1995   C811'.54   C95-910666-9F
PR9199.3.V86T96   1995

For

BRUCE
KIM, ANNE, LINH
AND MY FAMILY.

Pour

BRUCE,
KIM, ANNE, LINH
ET MA GRANDE FAMILLE.

ACKNOWLEDGEMENTS

This book of poems could not have been published without the help of Patricia Young, Paulette Jiles, Janice Kulyk Keefer, Don Coles, Jim Wong Chu and especially the patient and careful reading of my editor Dr. Ronald Hatch. Thanks also to Dr. Monique Bosco and Dr. Anne Scott for the French version.

I am grateful to the Canada Council, the Banff School of Fine Arts, and the festival *Women in View*. Some poems first appeared in the following publications: *Event, Prism International, Fireweed, Canadian Woman Studies, Passages, Frontline* and *Aikido Forum*. Some poems have been read in English on CKUA and in French on Radio Canada.

REMERCIEMENTS

Ce recueil de poésie n'aurait pas pu être publié sans l'aide de Patricia Young, Paulette Jiles, Janice Kulyk Keefer, Don Coles, Jim Wong Chu et spécialement grâce à la lecture patiente et vigilante de mes éditeurs: Ronald Hatch pour la version anglaise; Monique Bosco et Anne Scott pour la version française. Merci toutes les deux pour avoir aimé les poèmes et merci Monique pour l'amitié.

Je suis reconnaissante au Conseil des Arts, le Centre des Beaux Arts de Banff, et le festival *Women In View*. Certains poèmes ont été publiés dans les revues suivantes: *Event, Prism International, Fireweed, Les Cahiers de la femme, Passages, Frontline* et *Aikido Forum*. Quelques poèmes ont été lus à la station CKUA et à Radio Canada.

CONTENTS

Searching

Vietnam

France

TABLE DES MATIÈRES

Errance

Vietnam

France

SEARCHING

I belong to a country that I have left.
                                        —Colette

I belong to a country that I have left.
A country of small streets and villages
where people know their neighbours
from birth to old age.

I belong to a country where
the seasons bring few changes.
Between winter and summer no difference
except for the rains, when it rains.

I belong to a country
you cannot look for
on maps, in books, movies.
Even I hardly recognize it from the pictures
I saw the other day in a calendar.

I belong to a country of the mind
with friends and relatives
scattered in Canada, America, France, Australia,
Vietnam.

J'appartiens
à un pays
que j'ai quitté.

Thuong thuôc vê, Thuong thuôc vê . . .

ERRANCE

J'appartiens à un pays que j'ai quitté
un pays de petites rues, de villages,
où chacun connaît son voisin
de la naissance jusqu'au vieil âge.

J'appartiens à un pays
où les saisons apportent peu de changement.
Entre l'été et l'hiver, pas de différence,
sauf pour les pluies, quand il pleut.

J'appartiens à un pays
que vous ne pouvez chercher
sur les cartes,
ni dans les livres, les films.
J'ai à peine reconnu ses paysages
vus, l'autre jour, dans un calendrier.

J'appartiens à un pays d'amis et de parentés
dispersés au Canada, États-Unis,
Vietnam, en Europe, Australie.

J'appartiens à un pays que j'ai quitté.
Thuong thuôc vê, Thuong thuôc vê . . .

VIETNAM

BLACK TEETH

In folk songs
we still hear of
a country woman's
black teeth,
how they embellished her,
made her lover
drunk with love.

"My dearest," she asked, "when you come back,
will you remember me?"

"I will remember your teeth when you smile."

—Vietnamese Folk Song

DENTS NOIRES

Nous entendons encore parler
dans les chansons de folklore
des dents noires
de la villageoise
à quel point elles l'embellissent
rendent son amoureux
ivre d'amour.

"Mon ami," dit-elle,
"lorsque vous rentrez chez vous
vous souvenez-vous de moi?"

"Je me souviendrai de vos dents lorsque vous souriez."

—Chanson folkorique vietnamienne

ITINERANT MERCHANTS

I remember
itinerant merchants
passing the house front
with their yokes and baskets
full of guavas,
sweet and fragrant,
cinnamon-apples, rose-apples . . .

Country women from the North
with their turbans
and their long brown tunics;
or from the South
their hair tied behind,
their towels as headdresses,
their pyjamas;
selling mangosteens, mangoes, durians . . .

Itinerant merchants
you carry in your baskets
treasures,
irresistible to a child.
Her country brought before her:
rose-apples, cinnamon-apples,
mangoes, mangosteens.

MARCHANDES AMBULANTES

Je me rappelle
les marchandes ambulantes
passant devant la maison
avec leurs palanches et leurs paniers
pleins de goyaves,
douces et parfumées,
de pommes cannelle, de pommes de rose...

Femmes du Nord
avec leurs turbans
et longues tuniques brunes
ou du Sud
avec leurs cheveux en chignon
et leurs serviettes
en guise de coiffure
et leurs pyjamas
vendant des mangoustans,
des mangues, des dorions...

Marchandes ambulantes
vous sembliez porter dans vos paniers
tous les trésors, les parfums des saisons
irrésistibles pour un enfant:
son pays apporté devant elle.
Pommes de rose, pommes cannelle,
mangues, mangoustans...

GAMES

Planes bombing Haïphong,
        bombing Hanoï.

We didn't know whose they were.

We stayed in the trench,
concentrated on our candle
melting drop by drop.
It had to last long enough
to play our game.

Chinese cards with four colours,
the general, the officer,
the elephant, the chariot,
the horse, the artillery.

JEUX

Des avions bombardent Haïphong
        bombardent Hanoï.

Nous ne savions pas à qui ils appartenaient.

Nous restons tranquilles
dans la tranchée
penchés sur notre bougie
fondant goutte à goutte.
Elle doit durer assez
pour notre jeu.

Cartes chinoises: quatre couleurs,
le général, l'officier,
l'éléphant, le chariot,
le cheval, l'artillerie,

BIG HUNGER: 1945

Millions of peasants
walking in towns:

ghost-like,
fleshless
hollow eyes,
carrying ghost-babies in baskets,
on ghost-hips,

begging to eat from passers-by,
then dropping dead, without a sound.

Not enough dust-carts
to carry them out of the city.

GRANDE FAMINE: 1945

Millions de paysans
arpentant les villes:

Semblables à des fantômes
décharnés,
yeux creux,
portant des fantômes de bébés
dans des paniers,
sur des hanches fantômes

quémandant de la nourriture
aux passants
puis tombant morts
sans émettre un son.

Pas assez de charrettes
pour les emmener hors de la ville.

MOTOR-RICKSHAW

Today it rained
rain from heaven.
My cousin and I went to see a movie,
Singing in the Rain.
Hailing a motor-rickshaw,
we breathed freely,
the town dust driven to ground.

Leaving the theatre,
the rain over,
fresh   humid,
my cousin held her arms under her raincoat,
I opened my face to the night.

CYCLOMOTEUR

Aujourd'hui il a plu à torrents.
Ma cousine et moi, sommes allées voir
Chantons sous la pluie.
Nous avons hélé un cyclomoteur.
Normalement nous aurions avalé
toute la poussière de la cité.

Il faisait noir lorsque
nous sommes sorties du cinéma.
La pluie s'était arrêtée.
Il faisait frais et humide.
Ma cousine a mis ses bras
sous son imperméable.
J'ai souri et tendu mon visage
à la nuit.

REMEMBERING MY BROTHER

Black or blue, all beloved, all beautiful
open to some immense dawn,
from the other side of the grave,
eyes that we closed can still see.
                    —Sully Prudhomme

Looking at an old photograph, yellowed,
I can still remember you, my brother:
you, a big boy of twelve,
me, a shy girl of ten.

How adventurous you seemed,
climbing trees and onto roofs,
dropping to earth, your light feet
in your caoutchouc sandals.

I remember how you rescued the sparrow.
Its nest destroyed by storm.
How you fed it, mouth to mouth,
freed it once it could fly.
How it flew towards you
as soon as you appeared.

Our mother told me how you saved a beggar
during the Big Famine,
spared your own food for him.

(Cont'd)

EN SOUVENIR DE MON FRÈRE

Bleus ou noirs, tous aimés, tous beaux
ouverts à quelque immense aurore,
de l'autre côté des tombeaux,
les yeux qu'on ferme voient encore.
              Sully Prudhomme

Je me souviens de toi mon frère
en regardant la vieille photo jaunie:
toi, grand garçon de douze ans,
moi une fille de dix, toute timide.

Comme tu me paraissais audacieux
grimpant aux arbres,
sur les toits,
chutant à terre, les pieds légers
dans leurs sandales en caoutchouc.

Je me souviens comment
tu as secouru le moineau,
son nid détruit par l'orage,
tu l'as nourri, bouche à bouche,
et laissé libre de s'envoler,
aussitôt qu'il en a été capable.
Comme il volait vers toi
aussitôt que tu apparaissais.

Maman raconte comment
tu as sauvé un mendiant
durant la Grande Famine
en lui offrant ta propre nourriture.

Looking closer at the photograph
I see it was taken
at the Pagoda With A Single Pillar
in the middle of the lake of Hanoï.
Behind us
a bridge reaches shore to shore.

Regardant la photo de plus près
je vois qu'elle a été prise
à la Pagode au pilier unique,
au milieu du lac de Hanoï,
à l'arrière, un pont atteignant sa rive.

CIVIL WAR

In Cholon, the Chinese town,
the sky was illuminated with fires,
dark clouds, blood-coloured clouds.
Men fled carrying cloth bags
or luggage on their backs.
I heard bullets whistle,
then a bomb exploded,
screams in the streets.

We were caught
between two lines of fire.
Could anybody see us?
Could anybody hear us?

Soldiers climbed our walls.
They took jewels, radios, cars,
and then the men, my two uncles.
They destroyed the gates of our house,
no more protection for us,
women and children.

We ran from house to house.
Where to go?
Which way safety?

In nearby Saïgon, on Catinat Street,
elegant ladies,
their poodles leashed, on parade.

GUERRE CIVILE

À Cholon, ville chinoise,
le ciel est illuminé de feux,
sombres nuages, colorés de sang.
Des hommes fuient emportant
des sacs de toile
ou des bagages sur leur dos.
J'entends siffler des balles,
exploser une bombe, puis
des cris dans les rues.

Nous sommes pris
entre deux lignes de tir.
Peut-on nous voir?
peut-on nous entendre?

Des soldats escaladent nos murs,
prennent nos bijoux,
radios, voitures.
Ils ont emmené nos oncles.
Ils détruisent les portes de notre maison.
Plus de protection pour nous,
femmes et enfants.

Nous fuyons de maison en maison.
Où aller?
Par où la sécurité ?

À Saïgon sur la rue Catinat,
d'élégantes dames
se promènent avec leur caniche
en laisse, paradant.

THE HILLS OF DALAT

At sixteen I disappeared
behind a convent wall
and found laughter, songs.

For three years I was a boarder:
every day we cleaned our room,
waxed our floor, set our table,
washed our dishes, collected our linen,
all, before study.

We performed *Murder in the Cathedral*
L'Avare, Athalie, l'Aiglon.
The operetta *66* of Offenbach.
We saw dances from Thailand, Cambodia.

Pines, ferns surrounded
the school.
Once, outside our window,
a deer leapt above our head.
During an exercise
in the open,
snakes slithered after us.
We took a stick to knock
orchids from the trees.

(Cont'd)

LES COLLINES DE DALAT

À seize ans je me suis enfermée
derrière les murs d'un couvent:
J'ai trouvé des rires et des chants.

Pendant trois ans j'étais pensionnaire là.
Chaque jour nous nettoyions nos chambres,
cirions le plancher, mettions la table,
faisions la vaisselle, livrions le linge,
tout, avant d'étudier.

Nous avons joué *Le meurtre dans la cathédrale*
L'avare, Athalie, L'Aiglon,
l'*Opérette 66* d'Offenbach.
Nous avons vu des danses
thaïlandaises et cambodgiennes

L'école était entourée
de pins et de fougères.
Notre classe était sur la colline.
Un jour un daim sauta
par-dessus nos têtes.
Des serpents coururent après nous
durant un exercice en plein air.
Avec des bâtons nous avons décroché
les orchidées d'un pin.

Every Saturday
we played with refugees
from the north,
their school down the hill.
Others coached villagers
Or taught highlanders
how to knit.

We prayed every day:
"Here is my country,
between your hands, Our Lady.
It is my whole love,
source of joy, source of tears.
Pray for it Mary,
watch over it always."

Each evening with the nun,
we talked, read books or sewed,
or took a walk to admire the sky.

Before sleep
we went to chapel,
the nuns singing
with angels' voices
the liturgy of the Passion.
Our dreams: deer, orchids, snakes and stars.

Chaque samedi quelques-unes
allaient faire jouer
les petits réfugiés du Nord,
leur école blottie en bas de la colline,
d'autres enseignaient dans les villages,
ou apprenaient aux Montagnards
comment coudre, et tricoter.

Chaque jour nous priions:
"Voici tout mon pays,
entre vos mains, ô notre Dame,
il est tout mon amour,
source de joie, source de larmes,
priez pour lui Marie,
veillez sur lui toujours."

Chaque soir nous bavardions avec la mère
ou lisions des livres ou cousions,
faisions une promenade
pour admirer le firmament.

Avant de dormir
nous allions à la chapelle,
les religieuses chantaient
avec la voix des anges
la liturgie de la Passion.

Nos rêves sont pleins de daims, d'orchidées,
de serpents, et d'étoiles.

UNREACHABLE

We could not reach each other:

Father, his lonely walks and his neighbourhood bar
Mother, her frequent absences and her cards
Sister Hoa, her boyfriend and her letters
Brother Uon with his records, his world of music
I, my books and my diary

And the younger ones, in their childhood.

INACCESSIBLES

Nous ne pouvions pas nous rejoindre:

père, ses promenades solitaires et ses bars
mère, ses fréquentes absences et ses cartes
ma soeur Hoa, son ami et ses lettres
frère Uon avec ses disques et son monde de musique
moi avec mes livres et mon journal intime

et les plus jeunes dans leur enfance.

NIGHTMARE I

I dream:
mother kills herself
jumping in a quicklime barrel.
A mass of hair.

I comfort Te and Ti
in the next room.
Mother's ghost follows, asks me
in a harsh voice:
"Why don't you give me money?"

"I have tried to find a job but can't."
I cry myself awake
and then asleep.

CAUCHEMAR I

Je rêve:
mère s'est tuée
sautant dans un tonneau de chaux,
masse de cheveux.

Je réconforte Té et Ti
dans la chambre voisine.
Le fantôme de mère
me poursuit et me dit
d'une voix rauque:
"Pourquoi ne m'as-tu rien donné?"

"J'ai essayé de trouver du travail
mais n'ai rien trouvé" dis-je en pleurant.
Je me réveille.

NAP

Sometimes while lying on the mat
I listened to all the noises,
saw myself under the mosquito-net,
the heat dropping from the sky,
soft weight in the air.

SIESTE

Parfois m'étendant sur la natte
j'écoute tous les bruits,
vois moi-même
sous la moustiquaire,
sous la chaleur
tombant du ciel,
doux poids
dans les airs.

THE MAD UNCLE

Once my mad uncle
came to stay.
He was harmless,
he sang when we asked.

He would sing with all his heart
the national anthem of Red China.

In all my memories of Hanoï,
he sings loud and clear.
Throughout the wasted land
I will hear this song
till the end of time:

"Arise, ye who refuse to be enslaved!
Arise! Arise! Arise!
Millions of hearts with one mind!
March on! March on! March on!"

L'ONCLE FOU

Un jour mon oncle fou
vint demeurer chez nous.
Il était inoffensif.
Il chantait sur demande.

Il chantait de tout son coeur
l'hymne national de la Chine Rouge.

Dans tous mes souvenirs de Hanoï
il chante fort et clair,
à travers le pays dévasté.
J'entendrai cette chanson
jusqu'à la fin des temps:

"Debout vous qui refusez d'être des esclaves!
Debout! Debout! Debout!
Millions de coeurs avec un seul esprit!
Marchons ! Marchons ! Marchons!"

THE ASTROLOGER

In Saïgon there was a famous astrologer,
whom everybody went to see.
Then one day, in the sixties,
he started to prophesy
foreign countries for us.

He forecast to students, rich men, ordinary people,
even to the poor and the outcasts.
To all he predicted, "You will travel overseas."

We laughed, seeing expensive clothes,
leather luggage,
and on gloomy days said:
"Let us go to the astrologer's
so that he can predict our future,
our fabulous destinies!"

LE DEVIN

À Saïgon il y avait un devin célèbre
que tout le monde consultait.
Puis un jour, dans les années soixante,
il commença à nous prédire
des pays étrangers.

Il disait aux étudiants,
aux hommes riches ou ordinaires,
et même aux pauvres et aux déshérités,
à tous il prédit:"Vous voyagerez outremer."

Nous avons ri, voyant
des vêtements chers, des bagages de cuir,
et disions les jours tristes:
"Allons chez le devin,
qu'il prophétise notre avenir
nos destinées fabuleuses!"

MY SISTER'S PIANO

The notes of the piano
fill the room—classic, pure.
I see my sister
bending over the keys,
her playing precise,
energy leaping, lighting . . .

Often she plays from scores
an old song like *The Dream Passes,*
our imaginations carried away
by its metaphors:
"Klebert and Marceau's men
singing Victory—
Iron Giants riding to Glory!"

In another room my mad uncle breaks into
the national hymn of Red China.
"Arise, ye who refuse to be enslaved!"

Not far away, in a lost valley,
La Marseillaise soars above
the French soldiers,
some fresh from the maquis:
"March on! March on!
Let an impure blood
water our furrows."

Over a loudspeaker, in narrow trenches,
the Vietminh are singing for their country
a French Resistance song:
"Friend, do you hear
the muffled screams

(Cont'd)

LE PIANO DE MA SOEUR

Les notes du piano
remplissent la chambre, classiques, pures.
Je vois ma soeur
penchée sur le clavier,
son jeu précis,
bondissant d'énergie, léger . . .

Souvent elle a déchiffré la partition
d'une vieille chanson comme "Le rêve passe,"
notre imagination emportée
par les métaphores:
"Ceux de Kléber, de Marceau chantant la victoire!
Géants de fer,
s'en vont chevaucher la gloire!"

Pendant ce temps mon oncle fou
chante l'hymne national de la Chine Rouge
"Debout! vous qui refusez d'être des esclaves!"

Pas loin, dans une vallée perdu,
des soldats français,
quelques uns frais du maquis
entonnent *La Marseillaise:*
"Marchons! Marchons!
Qu'un sang impur
abreuve nos sillons."

Dans les tranchées étroites,
à travers un haut-parleur
les Vietminh chantent pour leur pays
la chanson de la Résistance française:
"Ami n'entends-tu pas

of the enchained country?
In their beds the bourgeois are dreaming
we are walking, we are killing, we are dying."

This battle has a name: Diên Biên Phu.

les cris du pays qu'on enchaîne?
Pendant que dans leur lit
les bourgeois font des rêves
Nous on marche, nous on tue, nous on crève."

Cette bataille a un nom: Diên Biên Phu.

MY BELOVED IS DEAD IN VIETNAM

For Trinh Cong Son, author of The Mad Woman

Dark or blue, all beloved, all beautiful.
Numberless eyes have seen the day.
They sleep in the grave,
and the sun still rises.

—Sully Prudhomme

My beloved is
Dead in Diên Biên Phu
Dead in Lao Kay, dead in Cao Bang
Dead in Langson, dead in Mong Cai
Dead in Thai Nguyên, dead in Hanoï
Dead in Haïphong, dead in Phat Diêm
Dead in Ninh-Binh, dead in Thanh Hoa
Dead in Vinh, dead in Hatinh
Dead in Hue, dead in Danang, dead in Quang Tri
Dead in Quang Ngai, dead in Qui Nhon
Dead in Kontum, dead in Pleiku
Dead in Dalat, dead in Nha-Tranh
Dead in My Tho, dead in Tuy Hoa
Dead in Biên-Hoa, dead in Ban Me Thuot
Dead in Tayninh, dead in Anloc
Dead in Saigon, dead in Biên Hoa
Dead in Can Tho, dead in Soc Trang

Vietnam, how many times
I have wanted to call your name
I have forgotten
the human sound.

CELUI QUE J'AIME EST MORT AU VIETNAM

À Trinh Cong Son, auteur de "La Folle"

Bleus ou noirs, tous aimés, tous beaux
Des yeux sans nombre ont vu le jour
Ils dorment au fond des tombeaux
Et le soleil se lève encore!
　　　　　Sully Prudhomme.

Celui que j'aime est

mort à Diên Biên Phu
mort à Lao Kay, mort à Cao Bang
mort à Langson, mort à Mong Cai
mort à Thai Nguyên, mort à Hanoï
mort à Haïphong, mort à Phat Diêm
mort à Ninh-binh, mort à Thanh Hoa
mort à Vinh, mort à Hatinh
mort à Huê, mort à Danang, mort à Quang Tri
mort à Quang Ngai, mort à Qui Nhon.
mort à Kontum, mort à Pleiku
mort à Dalat, mort à Nha-Tranh
mort à My-Tho, mort à Tuy Hoa
mort à Bien-Hoa, mort à Ban Me Thuot
mort à Tayninh, mort à Anloc
mort à Saigon, mort à Bien Hoa
mort à Can Tho, mort à Soc Trang

Vietnam, combien de fois
J'aurai voulu dire ton nom
mais j'ai oublié
le son humain.

HISTORY

From China, the Yuen people travelled south, and killed
the Thai, the Khmers, the Mongs and the Chams from the
kingdom of Funan. As a result of their "Marching towards
the South," the Yuen became independent, the Viet.

Then for ten centuries the Chinese waged war and killed
the Vietnamese and called Vietnam, Annam, which means
"The Pacified South."

The French killed the Vietnamese and
occupied the country for a century.
The Vietnamese who fought the French
were called Vietminh.
The French and the Vietnamese killed
the Vietminh (secretly helped by the Americans).

The Japanese killed the French.
The Japanese allied with the French killed
the Chinese and the Vietminh.
The Japanese helped the Vietnamese to proclaim
the Independence of Vietnam.
The Japanese killed the French and were defeated.
The Americans helped the Vietminh to become
the Democratic Republic of Vietnam.
The French and their allies, the British,
killed the Vietminh.
The French equipped by the Americans lost to
the Vietminh, equipped by the Chinese.

(Cont'd)

HISTOIRE

Venant de Chine les Yuen allèrent au sud et tuèrent les
Thai, les Khmers, les Mongs, les Chams du Royaume de
Funan dans leur "marche vers le Sud" et devinrent
indépendants les Viet.

Pendant dix siècles les Chinois firent la guerre et tuèrent les
Vietnamiens et appelèrent Vietnam, Annam, "le sud
pacifié."

Les Français tuèrent les Vietnamiens et
occupèrent le pays pendant un siècle.
Les Vietnamiens qui combattirent les Français
furent appelés Vietminh.
Les Français et les Vietnamiens tuèrent
les Vietminh (secrètement aidés par les Américains).

Les Japonais tuèrent les Français.
Les Japonais alliés aux Français
tuèrent les Vietminh.
Les Japonais aidèrent les Vietnamiens à
proclamer l'indépendance du Vietnam.
Les Japonais tuèrent les Français et furent défaits.
Les Américains aidèrent les Vietminh à devenir
La République démocratique du Vietnam.
Les Français et leurs alliés, les Britanniques
tuèrent les Vietminh.
Les Français équipés par leurs Américains
perdirent aux Vietminh
équipés par les Chinois.

The Americans took the place of the French.
The Vietminh were called the Vietcong.

The Vietcong armed by China and the U.S.S.R.
killed the Vietnamese and the Americans.
The Vietcong prevailed.

People fled overseas.

Les Américains prirent la place des Français.
Les Vietminh furent appelés Vietcong.

Les Vietcong armés par
la Chine et l'Union soviétique
tuèrent les Vietnamiens et les Américains.
Les Vietcong ont gagné.

Les autres fuient outremer.

FRANCE

BLUES

Coming from the tropics,
the hardest for me in the Paris winter:
not to live
in the daylight.

Days so short
they could not be appreciated.

This panic:
my life being engulfed
in an endless tunnel of the night.

I never imagined
Paris as a grey old woman,
the endless avenues,
metro travel,
the boredom of Sorbonne classes,
loud university restaurants,
endless forms for a single book.

I browse in the bookstores,
meet friends in the coffee shops.
We speak of Jean-Luc Godard,
Eisenstein, Bergman, Antonioni.

Outside of Vietnam,
Paris, largest Vietnamese city
in the world,
clans formed again.

(Cont'd)

SPLEEN

Venant des tropiques,
le plus dur pour moi,
Paris l'hiver:
ne pas vivre
dans la lumière du jour.

Des journées si courtes
qu'elles ne pouvaient
être vécues.

Cette panique:
ma vie engouffrée
dans un tunnel de nuit.

Je n'ai jamais imaginé
à quel point
Paris pourrait être gris,
les boulevards sans fin,
le métro,
l'ennui des cours de Sorbonne,
les restaurants universitaires
assourdissants,
les fiches sans fin
pour obtenir un seul livre
à la bibliothèque.

Je flâne dans les librairies,
rencontre mes amis dans les cafés.
Nous parlons de Jean-Luc Godard,
Eisenstein, Bergman et Antonioni.

I began to read about the war,
weary of separating the world
into bad and good
knowing that
every moment
someone fell beneath
a burst of gunfire.

Both sides using the same methods
to justify the slaughter
of a population
they claim to protect
or wish
to set free.

Three generations were sacrificed
so many mowed down
in the prime of life.

But no one today
can see our wounds.

Use an x-ray
to photograph our souls—
you will glimpse
a landscape
incomprehensible
even to ourselves.

Loin du Vietnam,
Paris, la plus grande ville
vietnamienne au monde,
les clans se reforment.

Je commence à lire sur la guerre,
lasse de séparer le monde
en bons et méchants,
sachant qu'à chaque moment quelqu'un
tombe sous les balles.

Les deux camps utilisent
les mêmes méthodes
pour justifier le massacre
d'une population qu'ils prétendent
protéger ou délivrer.

Trois générations sacrifiées.
Tant fauchés
dans leur jeunesse.

Mais personne aujourd'hui
ne voit nos blessures.

Si vous preniez une radiographie
de nos âmes
vous pourriez entrevoir
un paysage
incompréhensible même à nous-mêmes.

A FAMOUS VIETNAMESE SONG

On the road to Nice
we camped in the fields
lying in our sleeping bags
under the firmament.
I remember the scent of lavender,
my growing ecstasy,
star-drawn.

In Nice we stayed
at the students' residence,
the fragrance of jasmine
taking me home again.
During the day we studied *The Wasteland*.
At night, the students' love songs.

A vision: one afternoon at nap time
a boat on a river,
a plaintive voice, someone
crying or lamenting.

A friend told me
I'd seen *The Boat Without A Shore*.

When I was little I must have heard the song
have memorized that ghost-boat
that voice crying in the night.

UNE CHANSON VIETNAMIENNE CÉLÈBRE

Sur la route de Nice
nous avons campé dans les champs,
juste avec nos sacs de couchage,
sous le firmament.
Je me rappelle
la senteur de la lavande,
mon extase grandissante
attirée vers les étoiles.

À Nice nous sommes restées
dans une résidence universitaire.
Là, le jasmin a un parfum
comme celui de mon pays natal.
Durant le jour nous avons étudié
le poème *Wasteland*.
Les chants d'amour
des étudiants, la nuit.

Un après-midi, à l'heure
de la sieste, vision:
un bateau descendant une rivière,
sans rive.
Une voix gémissante,
quelqu'un pleurant ou se lamentant.

Une amie me dit que j'ai vu
La barque sans rivage.

J'ai dû entendre la chanson
lorsque j'étais enfant,
mémoriser
cette barque-fantôme,
cette voix,
pleurant dans la nuit.

YOUTH

In this hot paradise
of jasmine-blooming
Nice in summer,

the memory of years past
emerged.

The long gallery,
radiant with light,
where I ran to meet you in Saïgon.
You did the same.

Then the long gallery
of slowing echoes.
The impossibility
of explanations.
My voice alone.

The pain of those days
of Saïgon still burns
in its eternal glorious summer.

JEUNESSE

Cette explosion soudaine
dans ce paradis chaud
de jasmin en fleurs,
Nice, l'été.

Le souvenir
des années passées
affleure.

Ce long couloir
tout radieux de soleil,
où je courais vous rencontrer
à Saïgon,
vous en faisiez autant.

Puis le long couloir
où les échos ralentissent.
L'impossibilité d'expliquer.
Ma voix seule.

Maintenant
J'ai atterri
sur votre territoire, France.

La douleur brûle encore
de Saïgon
dans son éternel été glorieux.

THE VOICE

One Paris evening
at a cabaret
a woman sang:

Que j'ai eu froid sans toi
quand vient l'été, l'été
l'amour il faut être deux,
tu sais,
pour jouer les amoureux.

In the winter night
her black voice,
sang of summer
telling how
the game of passion
needs two players.

At the circus
I stared so intensely at a German man
that he looked back,
began to edge closer.

LA VOIX

Un soir à Paris
une femme noire
chante:

Que j'ai eu froid sans toi
quand vient l'été, l'été,
l'amour il faut être deux,
tu sais,
pour jouer les amoureux.

À travers la nuit d'hiver,
sa voix si chaude,
chantait l'été,
m'apporta la nostalgie de vous.

Au cirque j'ai regardé un Allemand
si intensément
qu'il m'a regardée en retour
et a commencé à approcher.

AT DAWN

I awoke at 5 a.m.
opened my window,
all the freshness entered
with a gust of new herb aroma.

Outside the long branches of willows
dancing their secret life.

I dressed and went out
to the deserted park.

For the first time I saw
the rhythms of the leaves:
the short ones, round and metallic,
a shattering tremor.
The long ones, flexible,
waltzed graciously.

In front of the house
on the lawn,
hundreds and hundreds
of big black crows.

Strange lives
all around us.

À L'AUBE

Je me suis réveillée
à cinq heures.
Toute la fraîcheur entre
avec une bouffée d'arôme
d'herbe fraîche.

Dehors
les branches de saule
dansent
leur vie secrète.

Je m'habille et je marche
vers le parc désert.

Je remarque l'infinie
variété
de rythmes des feuilles;
les courtes, rondes et métalliques
ont un rythme fracassant,
les longues, flexibles,
valsent gracieusement.

En face de la pelouse
de la maison
je vois des centaines et des centaines
de grands corbeaux.

Ces vies étranges
autour de nous.

OUR CELL

In Saïgon our problem
was to escape the house
which was our cell.
Then to escape the town,
a furnace where death prowled.
Here, Paris is our solitude.

NOTRE CELLULE

Notre problème à Saïgon
était comment s'évader
de notre maison
qui était notre cellule.
Puis de la ville,
une fournaise où rôde la mort.
À Paris c'est notre solitude.

STEPS

Holiday is near:
Paris' ideal campus,
the International City,
with its bistros,
empties itself.
Restaurants, cafeterias are vacated.
Stairs reverberate strangely.

Panic-stricken steps of
people leaving
in all directions of the world,
faltering, helpless.

PAS

Les vacances sont proches.
La Cité internationale
se vide:
Restaurants et cafeterias
Les escaliers résonnent étrangement.

Angoisse à chaque pas.
Ce bruit s'enfonce en moi.

Des pas frappés de panique.
souvent hésitants, souvent désemparés,
de personnes allant et venant
dans toutes les directions du monde.

INTERNATIONAL VOLUNTEER SERVICE

It is spring,
following the *The Song of Malory*
I take the plane to Ireland.

Not too far from Belfast,
in a small cottage by the seashore
we repair a bridge for handicapped children.
We work, we discuss, we hitchhike
we sing by the bonfire.

In England, in Sussex
we plant, we dig, we visit
patients in a mental hospital.
All the birds of Suffolk
are singing in the morning
as if they are drunk.
The whole of England is "shaking"
with the Beatles.

I fall in love
with a tree
so huge
it is a kingdom.

(Cont'd)

SERVICE CIVIL INTERNATIONAL

Printemps.
Suivant *le chant de Malory*
je prends l'avion pour l'Irlande.

Non loin de Belfast.
Dans une petite maison près de la mer
nous réparons un pont
pour les enfants handicapés.
Nous travaillons, discutons,
faisons de l'auto-stop,
chantons
près d'un feu de camp.

En Angleterre, dans le Sussex
nous plantons, creusons,
visitons des malades
dans un hôpital psychiatrique.
Tous les oiseaux du Suffolk
chantent le matin
comme s'ils étaient ivres.
Toute l'Angleterre
est en train de se "secouer"
avec les Beattles.

Je tombe en amour
pour un arbre
si grand
qu'il est un royaume.

"I lost my heart in Heidelberg"
said the German song.
But I lost myself
in Heidelberg,
sick to death,
worrying that if I died,
nobody would understand,
what I was doing in Heidelberg
when I was supposed to be in Heiligenberg
on the Lake of Constance,
taking care of children
and singing
seven days a week.

In Lyon we paint houses
in a shanty town,
always singing.
In Montpellier, as observer
in a workshop
for handicapped children,
I fit the description
of their pensioners,
I am afraid
they will keep me for ever.

"J'ai perdu mon coeur
à Heidelberg"
dit la chanson allemande.
Je m'y suis perdue
complètement,
malade à mort,
si je mourais
personne ne comprendrait
ce que je suis allée faire
à Heidelberg
alors que je devais être
à Heiligenberg
sur le lac de Constance
pour soigner des enfants.

À Lyon nous peignons des maisons
dans un bidonville,
toujours chantant.
À Montpellier,
observatrice dans un atelier
pour enfants handicapés,
je corresponds si bien
à la description de
leurs pensionnaires,
je crains
qu'ils ne me gardent
pour toujours.

IN GREECE

If I die,
In the morning you will see the illuminated mountain.
My grave will offer you a thousand flowers
Beauty will live again,
My only love.

            —Giraudoux, *Tessa*

In Greece it was that I sensed beauty.
Apollo in a museum in Athens,
and the Caryatids with their serene smile,

in Greece that I saw the sun,
rising from the peak of a mountain,
shared the feeling of people
worshipping it,

beheld the sky, mixed with the sea,
and in the distance, the shape of a ship,
with oranges, peeled oranges on the shore.

EN GRÈCE

Si je meurs,
au matin tu verras
la montagne illuminée.
Ma tombe t'offrira
mille fleurs.
La beauté vivra de nouveau,
mon seul amour.

     Giraudoux, *Tessa*

Ce fut en Grèce que j'eus
le sens de la beauté,
Apollon dans un musée d'Athènes,
et les Caryatides
avec leur sourire serein.

Ce fut en Grèce que je vis le soleil,
s'élever d'une montagne,
et compris pourquoi les primitifs
l'adoraient.

Je contemplai le ciel,
absolument mélangé avec la mer.
Dans le lointain, la forme d'un navire,
et des oranges, des pelures d'orange
sur la rive.

LABYRINTH

She stands up on my eyelids
—Paul Eluard

We are skirting the fence
not knowing if we should
advance
or step back
hesitating, anxious.

Think about the picture
of two Bunuel lovers
trying to reach each other
but paralysed by a piano,
a cow in the sitting-room,
objects sundry.

I was a pirate
trying all kinds of craft
to reach an island.

I sometimes think
of the painting
of a woman crawling
towards a house
she could never
reach.

Someday I will know
the other face of love.

LABYRINTHE

Elle est debout sur mes paupières
Paul Eluard

Nous contournons
la barrière
ne sachant
si nous devons
avancer
ou reculer
hésitant, anxieux.

Prenez l'image
de deux amants de Bunuel
essayant de s'atteindre
mais paralysés par un piano,
une vache dans un salon,
des objets hétéroclites.

Je suis un pirate
essayant toutes sortes
d'embarcations
pour une île.

Je pense quelquefois
au tableau montrant
une femme rampant
vers la maison
qu'elle ne pourra
jamais atteindre.

Un jour je connaîtrai
l'autre face de l'amour.

IN THE PARK

I used to be at home in *la grande allée*.

Now I wander
the world's small paths.

Despite my sadness
I am full of gratitude
for so much splendour
scattered on the grass.

Today I walk
carefully
amazed.

In me no song
But spring is here.

I have loved everything:
sun, storm, cold,
mist, frost, subtle rain,
falling in *la grande allée*.

DANS LE PARC

J'avais l'habitude
de marcher dans la grande allée.

Maintenant j'erre
avec humilité.
Parfois des pensées tristes
me viennent
mais je suis pleine
de reconnaissance
pour tant de splendeur
répandue sur l'herbe.

Autrefois j'aurais essayé
de trouver des mots.
Aujourd'hui je marche
plus attentive,
plus émerveillée.

En moi pas de chant
mais le printemps est là.

J'ai tout aimé:
le soleil, l'orage, le froid,
la brume, le gel, la pluie subtile
tombant sur la grande allée.

DAY AND NIGHT

During the day,
I was
the happiest girl.
At night,
I cried.

My Asian soul:
nostalgia,
and sorrow unconsoled.

You need to be a Westerner
to believe in God's hand,
the master of the Universe.

Twenty years of Christianity
have not changed me.
An Asian,
a straw
at night,
I am what I am not.

JOUR ET NUIT

Durant le jour
je pourrais être
la fille la plus heureuse.
La nuit
je la passe
à pleurer.

Mon âme asiatique:
nostalgie,
et chagrin inconsolable.

Vous devez être Occidental
pour vous croire
dans la main de Dieu,
le maître de l'Univers.

Vingt ans de christianisme
ne peuvent empêcher ceci:
en tant qu'Asiatique
je ne suis que fétu de paille
la nuit,
je suis ce que je ne suis pas.

NIGHT

Sleeping,
let me sleep.

At night
I recognize myself.

I cannot say
why sleeping
attracts me so.
I know it means
refusal.

The one
who escapes
in sleep
recovers
anguish
terror.

Like De Quincey
who all his life
wanted to escape
in opium,
I discover myself
nightmare-shaped.

NUIT

Dormir,
laissez-moi dormir.

La nuit
je me reconnais.

Cette attraction,
dormir.
Hélas, je sais
qu'elle signifie,
refus
de vivre.

En fait qui
s'échappe
en dormant
retrouve
ses angoisses
et sa terreur.

Je suis semblable
à De Quincey
qui essaya de s'évader
toute sa vie
dans l'opium
mais retrouve
ses humeurs
sous forme
de cauchemars.

FALLING

The time we spent together
was measured by the clock.
Even through the bitterness of parting
I showed you a quiet face,
lived in moments of presence.

Then it was time for setting out.
I asked you not to shout my silence.
I told you of Rostand's leaves—
their destiny may be to die in the soil
but they want their last fall
to have the grace of flight.

How deep that night and how frozen my hands.
Do you know how much rain fell that evening?

That was good-bye, that no-man's land.

Through the years I dream:
I am leaving, you are leaving, I am leaving,
you are leaving . . .

CHUTE

Le temps que nous avons
passé ensemble
est mesuré par l'horloge.
Et bien que l'amertume
de la séparation
soit toute proche
j'essaie de vous montrer
un visage serein
et d'apprécier
le moment présent.

Il est temps de partir.
Je vous demande de ne pas crier.
Ne vous ai-je pas parlé de *ces feuilles*
dont la destinée est de pourrir sur le sol
et qui veulent
que leur chute ait la grâce d'un vol.

Profonde est la nuit
et glacées sont mes mains.
Savez-vous combien de pluie
est tombée cette nuit?

C'est un adieu,
un no man's land.

À travers les années
je rêve:
je vous quitte, vous me quittez, je vous quitte,
vous me quittez . . .

THERE IS NO HAPPY LOVE

Twenty years have passed.
From friends I learn that
at the other end of the world
you still search for me.

When I decided to leave
you told me I would regret it:
"You are attracted to the Western men,
they love one day, and forget you the next.
As for me, I will remember you till the day I die."

You copied an Aragon poem for me:
Le temps d'apprendre,
il est déjà trop tard.
Je te porte en moi
comme un oiseau blessé.

The wind whirled us in our days,
I met you on occasion,
each time you came to me,
swiftly.

And now it is too late:
Je te porte en moi
comme un oiseau blessé.

IL N'Y A PAS D'AMOUR HEUREUX

Vingt ans ont passé.
J'apprends par des amis,
que de l'autre côté du monde,
vous me cherchez encore.

Quand j'ai décidé de rompre
vous disiez que je regretterais
un jour:
"Tu es attirée par l'Ouest.
Ils aiment un jour et oublient
le suivant.
Pour moi, je me souviendrai
de toi le jour de ma mort."

Vous avez copié ce vers d'Aragon:
Le temps d'apprendre à vivre,
il est déjà trop tard.
Je te porte en moi
comme un oiseau blessé.

Le vent a tourbillonné
sur nos jours.
À l'occasion,
vous êtes venu à moi.

Et maintenant il est trop tard;
je te porte en moi
comme un oiseau blessé.

"EVANGELINE"

When cassettes became popular,
we began to receive them from Saïgon
instead of letters.
I remember especially one
my young sisters sent us.

They sang for us
all the beautiful songs
they had learned at school.
One of them, *Evangeline*,
told the story
of a far away country, Acadia.

Qu'il est si doux,
au printemps de la vie,
d'aimer d'amour,
les amis de son coeur,
de vivre heureux au sein de la patrie,
loin du danger, à l'abri du malheur.
Loin du danger, à l'abri du malheur.

Soon we heard the fire crackers
celebrating the New Year,
then they were lost in the noise of rockets,
shells, bombs, falling on the city . . .

I remembered *Evangeline*,
what it meant to us, what it still means.
It was on that day
my mother decided to leave Vietnam.

(Cont'd)

78

EVANGÉLINE

Lorsque les cassettes
sont devenues populaires
nous commençons à en recevoir de Saïgon
au lieu de lettres.
Je me rappelle spécialement
celle de mes jeunes soeurs.

Elles chantent pour nous
toutes les belles chansons
qu'elles ont apprises
à l'école.
L'une d'elles *Evangéline*
parle d'un lointain pays,
l'Acadie.

Qu'il est si doux
au printemps de la vie,
d'aimer d'amour,
les amis de son coeur,
de vivre heureux au sein de la patrie,
loin du danger, à l'abri du malheur.
Loin du danger, à l'abri du malheur.

Bientôt nous entendons les pétards
célébrant la Nouvelle Année
puis ils furent confondus
avec le bruit des roquettes,
des obus, des bombes,
tombant sur la ville . . .

Je me souviens d'*Evangéline*,
Ce qu'elle signifiait pour nous,

Now we too have been on all shores.
Who will write our song?

ce qu'elle signifie.
Ce fut ce jour-là
que ma mère décida
de quitter le Vietnam.

Nous avons été sur toutes les rives.
Qui écrira notre chanson?

VISION

Sleeping
I had a vision
in colours
and in music.

Three circles:
the first, luminous, autumn;
the second, bathed in sunshine,
winter in the south of France;
the third, a rainbow, springtime.

Clear notes: child's laughter, Ti.
Low notes: an agony, my father.
A constant theme: my mother.
A melody: Glenda, a friendship.
A vacuum: my emptiness.

Sometimes a silence
Sometimes a peace.

VISION

Dormant
j'ai la vision
en couleurs
et en musique.

Trois cercles.
Le premier, lumineux: automne.
Le second, baigné de soleil:
l'hiver dans le midi de la France.
Le troisième, un arc-en-ciel:
le printemps.

Des notes claires: des rires d'enfant, Ti.
Des notes basses: une agonie, mon père.
Un thème constant: ma mère.
Une mélodie: une amitié, Glenda.
Un vacuum: mon vide.

Parfois un silence.
Parfois une paix.

THE WHIRLWIND OF HISTORY

During *May 1968* I lived in Paris,
my sister, brother and I, we were students.
We knew those burning days of May:
Paris, covered with barricades,
policemen attacking
students throwing stones.
Tear-gas everywhere
in the Latin Quarter.
"Zut! Encore des flics!"
Surprised tourists ran with students
hunted by police.

My sister Hoa landing from Vietnam
felt quite at home,
stocked rice in the cupboard.
Smoke and screams were
the quotidian scene.
Speeches inflamed the nation.
Revolution was spreading to the Western world,
but no one was killed, except by accident.

As May was fading,
startling news arrived from Saïgon:
my mother, brother and sisters would join us.
They had lived through the *New Year offensive*,
the famous Têt 1968.
"One hundred rockets a day
during one hundred days,"
as the Vietcong claimed.

(Cont'd)

LE TOURBILLON DE L'HISTOIRE

En *Mai 1968* je vivais à Paris,
ma soeur et mon frère, étions étudiants.
Nous connaissions ces journées brûlantes
de mai: Paris couvert de barricades,
des policiers attaquant des étudiants
jetant des pierres,
partout des masques à gaz
dans le quartier latin.
"Zut! encore des flics!"
Des touristes surpris
coururent avec des étudiants
chassés par la police.

Ma soeur Hoa venant du Vietnam
se sentit chez elle,
stocka le riz dans les placards.
La scène quotidienne:
de la fumée et des cris.
Des discours enflammèrent la nation.
La révolution s'étendit
au monde à l'Ouest
pas un de tué, à part un par accident!

Pendant que mai se dissipait,
nous arrivèrent de Saïgon
de surprenantes nouvelles:
ma mère, soeurs et frères
nous rejoindraient.
Ils ont vécu à Saïgon
l'attaque du Nouvel An
le fameux Têt 1968.

Then Montpellier in the south,
but even here the children faced
the French police:
no resident visa.
I needed a country
where we all could live,
Canada.

In Montréal I found two jobs,
But History followed me,
when *La Crise d'Octobre 1970* exploded,
students told me:
"The most tragic episode of our history!"
I thought: "Only one killed!"

One by one they arrived:
five years in all
to overcome
distance, administrative papers.
It was finished,
January 1975.

Saïgon fell in April,
my father died in December.

Cent roquettes par jour
pendant cent jours
ainsi que le revendiquaient
les Vietcong.

Montpellier, dans le sud,
mais les enfants eurent
à faire face à la police:
pas de visa de résidence.
Je cherchai un pays
où nous pourrions
tous vivre, Canada.

À Montréal je trouvai
deux "jobs."
Mais l'Histoire me poursuit,
quand *La crise d'octobre 1970*
explosa,
les étudiants me dirent:
"C'est la période
la plus tragique
de notre histoire."
Je pensai: "Seulement un mort!"

Un par un ils arrivèrent:
en tout cinq ans
pour venir à bout
de la distance,
des papiers administratifs.
En janvier 1975 ce fut fini.

Saïgon tomba en avril.
Mon père mourut en décembre.

CANADA

POUDRERIE

"Ah! comme la neige a neigé!"
—Nelligan

From France
to *Nouvelle France*
not a long journey,
for the language was the same,
or so I was told.

Never had I imagined
winter could be cheerful,
warm,
thanks to my students
who shared with me
Quebec *joie de vivre*
at theatres, parties
and the cafeteria.
Teaching in the evening
I was invited
by my adult students
into their families,
to concerts, to restaurants
where I met my husband.

Exposed to long
hard weather,
an ambiguous language,
we began to *"inhabit winter."*
Then a day in winter
a *poudrerie* began,
not a gunpowder factory
but a snowstorm.

(Cont'd)

POUDRERIE

Ah! comme la neige a neigé!
                    Nelligan

De France
à la Nouvelle France,
point de long voyage,
la langue est la même
m'a-t-on dit.

Jamais je n'aurais imaginé
l'hiver si drôle, si chaleureux,
mes étudiants partageant avec moi
leur joie de vivre,
au théâtre, dans des partys
à la cafeteria.
Enseignant le soir, invitée
par mes étudiants adultes
dans leur famille,
au concert, au restaurant
où je rencontre mon mari.

Exposés à un long,
dur hiver,
à un langage ambigu,
nous commençons à "habiter l'hiver."

The radio announced rain,
a brutal fall of mercury.

I went to work
but the bus slid into a snow bank.
Nearly suffocated
I climbed out, walked.

At 4:30 p.m.
my husband arrived home,
without hat, gloves, boots.
With frozen hands
he had pushed the car.

Our friends:
some dragged themselves to a pub
some dropped in to see relatives
or people they hardly ever visited.

Students took their skis,
children their toboggans.
A truck of beer became
trapped in the snow,
and was emptied by passers-by
who partied in a tavern.

In the street a crying old woman.

I dreamt
the power
of unfurled gusts of wind,
the gunpowder-factory of another world
blowing our lives
au bout du monde.

Puis un jour la radio annonce la pluie.
Rapidement, chute de mercure.

Je vais à l'université,
reviens tout de suite: deux heures,
le bus ne peut pas bouger.
Suffocant presque
je sors et marche.

À quatre heures et demie
mon mari rentre,
sans tuque, gants, bottes.
Avec des mains gelées
il a poussé la voiture.

Nos amis:
quelques-uns traînent à un pub
d'autres ont visité des parents
rarement vus!

Les étudiants prennent leurs skis,
les enfants leur toboggan.
Un camion de bière,
piégé dans la neige,
est vidé par les passants
fêtant dans une taverne.

Dans la rue une vieille dame pleure.

Je rêve
au pouvoir
des rafales déferlant
la poudrerie d'un autre monde
soufflant sur nos vies
au bout du monde.

STRESS

I run, am restless, eat on the run.
Since last month I have lost seven pounds.
(I, who never lost weight!)

For three years I have tried
to adjust to life with my Caucasian husband:
house-cleaning, cooking, gardening,
shopping, stocking vegetables,
meat, juices.
He made his own yogurt,
sewed his clothes,
scraped his furniture
discussed methods for fish-breeding,
dreamed of dogs (we had two cats).
He practices Norwegian cross-country skiing,
jogging, rafting, kayaking, camping, judo.

During this time
my academic life says:
"publish or perish!" Classes to prepare.
Conferences to attend.

(Cont'd)

STRESS

Je cours sans répit,
je mange sur le pouce,
en un mois je perds sept livres,
moi qui ne perds jamais de poids.

Depuis trois ans j'essaie
de m'ajuster à mon mari:
ménage, cuisine, jardinage,
magasinage, conserve des légumes
des viandes et des jus.
Il fait son propre yaourt,
coud ses vêtements,
décape ses meubles,
parle de méthodes
d'élevage des poissons,
rêve de chiens,
nous avons deux chats.
Il pratique le ski de descente,
de fond, course, flottage, kayak,
camping, judo.

Pendant ce temps
mon travail académique exige:
"Publie ou péris!"
nouvelles classes à préparer,
conférences en perspectives.

Cultural activities,
for the Vietnamese Association
to organize in town, on television.
And feasts of welcome
for my big family
settling in Canada.

Then in March the fall of Phnom-Penh, Saïgon.
On the news
millions and millions of refugees,
cars, all kind of cars,
helicopters, corpses.

Days on the phone,
panic-stricken.

I had written to three ministers in Canada,
to the Red Cross, the embassy,
the new government of Vietnam
to I don't know who any more.
(Publish or perish!)

A telegram announcing my father's death
I did not stop crying

Letters from relatives,
acquaintances, asking for help.
(Publish or perish!)

And at the university
the battle for my career.

Feeling squeezed everywhere
I publish . . . and I perish.

Activités culturelles
pour l'Association vietnamienne
en ville, à la télévision,
et fêtes pour aider ma grande famille
à s'installer dans
leur nouvelle vie au Canada.

Puis en mars chute de Phnom-Penh, Saïgon.
Dans les nouvelles,
millions et millions de réfugiés,
voitures, toutes sortes de voitures,
hélicoptères, cadavres.

Journées au téléphone,
frappée de panique.

J'ai écrit à trois ministères au Canada,
à la Croix Rouge, à l'Ambassade,
au Nouveau Gouvernement du Vietnam,
à je ne sais qui encore.
(Publie ou péris!)

Un télégramme annonçant
la mort de mon père.
Je n'arrête pas de pleurer.

Lettres de toute la parenté,
des connaissances, demandant de l'aide.
(Publie ou péris!)

Durant ce temps
la plus importante bataille
de ma carrière à l'université.

Je me sens compressée de tous côtés.
Je publie . . . et je péris.

NIGHTMARE II

Last night I dreamed of father.

I came back with Ti
to the Hanoï house
looking for father.
We didn't find him.
We were looking for a coffin.

Like the woman in the legend
turned into a ghost
by the long wait
for her husband
who never came back,
his tormented soul
haunted the house.

Later, Mother, Uon, Uncle O came.
They found his corpse:
he had been dead a long time.
He had drunk milk
forbidden to him.
It was suicide.

I wake to sleep.

CAUCHEMAR II

La nuit dernière j'ai rêvé de père.

Je suis revenue avec Ti
à la maison de Hanoï
le chercher.
Nous cherchons un cercueil.

Comme la femme de la légende
transformée en fantôme
par la longue attente
du mari
qui n'est jamais revenu,
son âme tourmentée
hante cette maison.

Plus tard, mère, Uon,
Oncle O sont venus.
Ils ont trouvé son cadavre.
Il avait bu du lait,
ce qui lui avait été défendu.
C'était un suicide.

Je me suis réveillée en sueur
pleurant.

THIS INFINITE TENDERNESS

At night when you wake
you always cover me
with the blanket.
And in the morning, the same.
During the first months
you often talked to me
when you thought I was still sleeping.
And sitting by our bed, you said,
"I always thought that happiness was reserved
for privileged people, until I knew you."

The blanket keeps me warm, the blanket is you.

CETTE TENDRESSE INFINIE

La nuit, quand tu te lèves,
tu me recouvres toujours
de la couverture.
Tu fais de même le matin.
Durant les premiers mois,
tu me parlais souvent le matin,
lorsque tu pensais que je dormais encore.
Tu disais:
"Je pensais que le bonheur était réservé
à quelques êtres privilégiés,
jusqu'à ce que je te connaisse."

La couverture me tient chaud,
cette couverture c'est toi.

FOR KIM

The idea of adopting a child came to me in December. I phoned the Service, thinking I'd have to wait years. They answered in April, telling me there was a boy, four months old.

We went to see you at Pointe aux Trembles. The nuns took us to a dormitory with many beds. Your father took you first in his arms and said, "You are a handsome boy!" Then you were in my arms too, but you did not smile.

The formalities took longer. Then in the hot, first days of May, we went to pick you up. I took your father's baby blanket, a new suit, new hat and shoes. In a minute you were in our car. On the drive home I did not stop speaking to you. Of what, I don't remember.

In our garden all the hedges were in bloom. Those spring days you woke early and after your bottle I would take you into the garden to show you the open irises. Then the traffic, cars moving. Singing, I'd take you back to your bed. To the sound of your lullaby, you'd sleep again.

"What a good child," said A' Po.

When you woke again, I'd feed you fresh fruit, boiled and pressed. Your skin became beautiful. When you'd eaten I would clean and wash you, then put you on the quilt spread on the sitting room floor. You would spend hours with your toys, so concentrated in your serious playing.

(Cont'd)

POUR KIM

L'idée d'adopter un enfant m'est venue en décembre 1974. J'ai téléphoné au Service Social, pensant avoir à attendre des années. Ils m'ont répondu en avril, m'informant qu'il y avait un garçon de quatre mois.

Nous sommes venus te voir à Pointe aux Trembles. Les religieuses nous ont emmenés au grand dortoir, avec plusieurs lits. Bruce t'a pris dans ses bras le premier. Tu l'as regardé en silence. Il a dit avec un grand sourire. "Mais tu es un beau garçon!" Alors je t'ai pris dans mes bras. Mais tu n'as pas souri.

Les formalités ont pris quelques jours. Vers les premiers jours très chauds de mai nous sommes venus te chercher; j'ai pris la couverture de Bruce bébé, un nouvel ensemble, un nouveau chapeau, de nouveaux souliers. En une minute tu étais dans notre voiture. Je me rappelle, je n'ai pas arrêté de parler. De quoi, je ne me rappelle pas.

Dans notre jardin, toutes les haies étaient en fleurs. Ces jours de printemps, tu te réveillais tôt et après le biberon, je t'emmenais dans le jardin pour te montrer les iris ouverts; puis, c'était la circulation. Des voitures, des voitures bougeaient. Lorsque tu étais fatigué je te ramenais dans ton lit. Tu t'endormais au son de la berceuse.

"Quel bon enfant," dit A'Po.

Lorsque tu te réveillais de nouveau, je te nourrissais avec quelques fruits frais, bouillis et pressés. Ta peau devenait belle, saine. Une fois que tu avais mangé, je te nettoyais et te lavais et puis te mettais sur le plancher.

On our first trip across Canada I bought you a package of
pencil crayons. After that, every picture you drew was a car,
and a small face looking out the back window.

C'était la courtepointe, étendue dans le salon, et sur laquelle on mettait les jouets. Tu passais des heures et des heures, concentré dans ton jeu sérieux.

Pour notre premier voyage autour du Canada, nous t'avons emmené. De ce temps, parmi tes dessins, il y avait une petite tête en arrière qui regardait par la fenêtre.

FOR ANNE

When I discovered you were coming
we celebrated with champagne.
Such a long waiting.

The months of pregnancy
were like a wrestling bout
with the Pacific.
My friends gathered
offering presents.

A natural birth.
When they put you on my belly
I recognized you right away.
And then the little voice
that I recognized among the others.

You were a baby
who burst into laughter
even in the hospital.
When your uncle took
a photograph of you
at one month old
you winked.

Later, in your walker
how happy you were teasing your brother
And how intensely you listened
when I taught him to read
so that when your turn arrived
you knew everything.

POUR ANNE

Quand j'ai appris que je t'attendais
c'était la nouvelle
la plus attendue de ma vie.

Les mois où je t'attendais
étaient ceux où j'ai dû lutter
comme contre le Pacifique.
Mes amis étaient autour de moi
m'offrant des présents.

Une naissance naturelle.
Quand ils t'ont mise sur mon ventre,
Je t'ai reconnue tout de suite,
et ta petite voix que je distinguais
de toutes les autres.

Tu étais un bébé
éclatant de rire,
à l'hôpital,
à partir du cinquième jour.

Quand ton oncle prit une photo de toi
à ton premier mois
tu lui faisais un clin d'oeil!
Lorsque tu étais sur la marchette,
comme tu étais heureuse
après avoir taquiné ton frère,
combien intensément tu écoutais

quand je lui enseignais à lire,
si bien que quand ton tour arriva,
tu savais tout,
je n'avais plus rien à t'apprendre.

ONE HUNDRED SPARROWS

                                                        West
                                              the
                                         in
                                  flying
                            are

then
      in
           the
                east

                                        land on the
                                             neighbour's roof

                    fly
          to
the
          next
roof

One   sparrows   peacefully
      thousand   are pecking   on the ground

UNE CENTAINE DE MOINEAUX

                                       l'Ouest
                                 à
                            lent
                        Vo

puis
     vo
        lent
           à
             l'Est

                            et puis se
                                posent
                                      sur
                                        le
                                       toit

sur
   le
      prochain
           toit.

Une   de   sont   de picorer sur
   centaine   moineaux   en train   le sol

SPIDERS ARE PEOPLE TOO...

On this side of Paradise
"spiders are people too," I am told.
You should see
the good people of Victoria
along the ocean with their dogs
strolling, racing,
unaware of the Chinese walkers,
joking in Cantonese.

You should see the fat ducks,
wild geese of all kinds,
swimming at their leisure
in ponds, in lakes, in bays,
with so many friends and admirers,
always ready to feed them
as soon as they appear.

In newspapers you can see photographs
of cats, dogs, and pets of all sorts.
They have a society for animal rights,
grooming salons, even cemeteries.

I remember our world
where people are not even spiders.

LES ARAIGNÉES SONT DES PERSONNES

De ce côté du paradis
les araignées sont aussi des personnes
m'a-t-on dit.
Vous devriez voir
les braves gens de Victoria,
le long de l'océan avec leur chien,
marchant, flânant,
faisant la course
le long des côtes,
ne se préoccupant pas
de quelques passants,
plaisantant en cantonnais.

Vous devriez voir les gros canards,
oies sauvages de toutes sortes,
se baignant à leur aise dans les mares,
lacs, baies,
avec tant d'amis et d'admirateurs,
toujours prêts à les nourrir aussitôt
qu'ils paraissent.
Dans les journaux vous pouvez voir
de grandes photos de chats,
de chiens, et toutes sortes
d'animaux favoris.
Ils ont aussi une société
pour les droits des animaux,
des salons, même des cimetières.

Je pense à notre monde
où les personnes ne sont
pas encore des araignées.

VICTORIA BUSES

Arriving in Victoria
I rode the buses,
tried my new language
with the bus drivers.
My voice produced sounds
strange and awkward
"woords," but barely so
even to me.

Once I saw the drivers
gathering to discuss
headlines about a rapist.
Some had seen him,
recognized his description, his accent,
would phone the police.

"Agatha Christie town"
I named Victoria,
the dangerous town
that no one could recognize.

AUTOBUS DE VICTORIA

Arrivant à Victoria
j'ai essayé mon nouveau talent.
Balbutiant avec mon "accent d'Oxford"
avec les chauffeurs d'autobus.
Ma voix émit d'étranges sons
que moi-même trouvai maladroits.

Une fois j'ai vu
les chauffeurs se rassemblant
pour discuter
les grands titres
au sujet d'un violeur.
Quelqu'un l'a vu,
reconnu la description, l'accent,
téléphoné à la police.

J'ai nommé Victoria
"ville d'Agatha Christie,"
la dangereuse,
que personne ne pourra reconnaître.

FOR MY FATHER

The red bag with Chinese characters
arrived by plane.
It contained ashes:
All that is left of your father,
my mother said.

Father, now you sleep
in this icy country
far from the sunny land
you never wanted to leave.

I remember you
as a warm current.
In the little shop
you talked, I was
your silent listener.

I come to know you, the little boy
pulled from school at twelve-years-old
to keep the books in a tiny grocery store.

Your father told you to stop crying:
"Why have you chosen to be born
in my family instead of in a rich family
that could pay for an education?"

You encouraged us to read
all the books we could find.
To buy them
you gave us the key
to your cash-register.

(Cont'd)

POUR MON PÈRE

Le sac rouge aux idéogrammes chinois
arriva par avion.
Il contenait des cendres.
Tout ce qui reste de votre père,
dit ma mère.

Père maintenant vous dormez
dans un froid cimetière
loin du pays ensoleillé
que vous n'avez jamais voulu quitter.

Je me souviens de vous
comme un courant chaud
qui m'avait enveloppé.
Lorsque nous étions
dans la petite boutique
vous parliez et
j'étais celle qui vous écoutait.

J'en suis venue à vous connaître
vous le petit garçon
retiré de l'école à douze ans
pour garder les livres
dans une petite boutique.

Votre père vous a dit:
"Pourquoi n'avez-vous pas choisi
de naître dans une famille aisée
qui aurait pu vous accorder
une éducation
au lieu d'une famille
comme la mienne?"
Ces paroles ont arrêté vos pleurs.

You told me I was responsible
for the rest of my family, dreamed
I would study overseas.
Soon your dreams became mine.

Looking back over these years
I see that we travelled
from one continent to another.
One after the other, the eight children
with our mother and A-Na.
From Hanoï to Saïgon, Saïgon to Paris,
from Paris to Montpellier, then to Montreal.

I went West, far, farther,
looking straight ahead,
never looking back, until one day
I arrived at this ocean, the Pacific.

I stand on the beach
and the country I left behind is there
in front of me.

Sick and alone, father, you died
in that ruined land,
like a fighter sacrificing himself
for his family.
Now your ashes lie in peace among us.

Vous m'avez encouragé à lire
tous les livres que nous pouvions trouver.
Pour les acheter,
vous me donniez les clefs
de votre caisse.

Vous m'avez dit que j'étais responsable
pour le reste de ma famille, rêvé
que je pourrais étudier outremer.
Bientôt vos rêves
sont devenus les miens.

Regardant en arrière
je vois que nous sommes passés
d'un continent à l'autre,
l'un après l'autre,
les huit enfants,
avec ma mère et A na.
De Hanoï à Saïgon, de Saïgon à Paris,
de Paris à Montpellier, puis Montréal.

Je suis allée à l'Ouest,
plus loin droit devant moi,
ne regardant pas en arrière,
jusqu'à ce que j'arrive
devant l'océan, le Pacifique.

Vous père, étiez mort malade et seul,
dans ce pays déserté et ruiné
comme un combattant se sacrifiant
pour sa famille.
Que maintenant vos cendres
reposent en paix parmi nous.

ABOVE AND UNDER

My father used to tell me:

"Look above you
and you won't be proud;
under you
and you won't feel sorry."

At age nine
my daughter Anne wrote:

WHAT I SEE

Above me
a rainbow
a cloud
the sky
a montgolfier.

At my feet
a snail
a rock
a fish
a star-fish.

AU-DESSUS ET AU-DESSOUS

Mon père m'a souvent dit:
"Regardez au-dessus de nous
et vous ne serez pas tentés
d'être trop orgueilleux;
regardez au-dessous de nous
et vous ne serez pas désespérés."

Quelle fut ma joie quand ma fille Anne
à dix ans écrivit:

Au-dessus de moi
un arc-en-ciel
un nuage
le ciel
une montgolfière.

À mes pieds
un escargot
une roche
un poisson
une étoile de mer.

AFTER THE OPERATION

"The small marble," my daughter asks,
"could it come back?"
I feel the scar on my chest.
"It could," I say.

Anne is six.
Yet when I speak to her
she understands.
Linh is only two.
She eats grapes with her grandmother.

"Nobody wants to die," says my mother.

Kim, my seven-year-old son, dreams:
"When I grow up, I will have a house
In a country where it is always hot."
Sometimes this house is by the sea.
Sometimes it has a ping-pong table.
Sometimes it is a farm full of animals.

In the evening the three children
Gather round me, lifeguards.

APRES L'OPÉRATION

"La petite bille" dit ma fille
"Pourrait-elle revenir?"

Je sens encore la cicatrice
sur ma poitrine.
"Il se pourrait" dis-je.

Anne a six ans.
Cependant quand je lui parle,
elle comprend.
Linh a seulement deux ans.
Elle mange des raisins avec sa grand-mère.

"Personne ne veut mourir" dit ma mère.

Kim, mon garçon de sept ans rêve:
"Quand je serai grand j'aurai une maison
dans un pays où il fera toujours chaud."
Parfois elle est au bord de la mer.
Parfois avec une table de ping-pong.
Parfois une ferme pleine d'animaux.

Le soir, les trois enfants
sont autour de moi, gardes du corps.

HOSPITAL

In hospital
a young woman in a wheel-chair
is looking at me.

Holding a photograph
of their two small children,
her husband calls to her.

She can't speak.
Tears well slowly.

We visit and help
a woman whose back
collapsed one day.
She could move only one finger.

There is a refugee,
always heaving loud sighs.
I tried to translate
but he didn't answer.

My neighbour,
a very fat woman, has a stroke.
Four nurses are needed
to heave her into bed.

She dies at night.
At noon I discover the corpse.
The husband finally arrives
scolding the nurses, demanding a vase.

(Cont'd)

HÔPITAL

À l'hôpital
une jeune femme
en chaise roulante
me regarde.

Tenant une photo
de leurs enfants
le mari essaie de l'appeler.

Elle ne peut pas parler.
Des larmes, de grosses larmes
tombent de ses yeux.

Nous visitons et aidons
une femme dont le dos
s'est effondré un jour.
Elle peut bouger un doigt.

Un réfugié pousse
de grands soupirs.
J'essaie de traduire
mais il ne répond pas.

Ma voisine, une femme forte
a une embolie,
quatre infirmiers ont du mal
à la mettre au lit.

Durant la nuit elle a trépassé.
Je découvre le cadavre à midi.

Son mari finalement arrive.
Il gronde les infirmières épuisées
pour une question triviale.

Suddenly panic:
I run up
stairs.
The alarms
go crazy.
Shouting.

Three or four orderlies
are needed
to stop me.

Soudain panique,
terreur.
Je veux sortir.
Je cours dans les
escaliers,
étages.

Les amplificateurs
s'affolent,
crient des noms.
L'alarme sonne.

Ils ont besoin
d'être trois ou
quatre pour m'arrêter.

VIGIL

Let us light the fire in the fireplace:
Did we not clean the house,
lay the table, set out carnations, wine?
In a moment our friends will arrive.
We can put aside insanity.

VIGILE

Allumons le feu dans la cheminée:
N'avons-nous pas nettoyé la maison,
mis la table, les oeillets, le vin?
Dans un instant nos amis vont venir.
Mettons de côté ce monde insensé en guerre.

EACH DAY

Don't expect
cats to fly
rocks to bloom

From each day I ask only
for its share of light
to keep walking towards
the meeting
with myself.

CHAQUE JOUR

N'attendez pas
le vol des chats
la floraison des rochers.

Car je demande seulement
de chaque jour
sa part de lumière
pour me mettre à marcher
vers la rencontre
avec moi-même.

SPRINGTIME

I have leaned myself against the beauty of the world
and held in my hands the scent of the seasons.
                                        —Anna de Noailles

I am sending news from the end of the world.
On Sundays my husband drives us
through the streets to admire the trees,
the cherry and apple trees, the magnolia
and forsythia blooming.

My girl of seven wrote her first poem.
I like springtime, and all the flowers:
the daffodils, the hyacinths, the tulips,
the violets, the poppies, and the camellias,
and my whole family likes them, and you?

Yesterday the three children
picked flowers and pressed them
among the pages of their books.

It was under a blossoming cherry tree
that your eyes caught mine.
Do you remember?

PRINTEMPS

Je me suis appuyée à la beauté du monde
et j'ai tenu l'odeur des saisons dans mes mains.
                                    Anna de Noailles

Je vous envoie des nouvelles de cette fin du monde.
Le dimanche mon mari nous conduit
à travers les rues pour admirer
les cerisiers, les pommiers, les magnolias
et les forsythias en fleurs.

Ma fille de sept ans écrit son premier poème.
"J'aime le printemps, et toutes les fleurs:
les jonquilles, les jacinthes, les tulipes,
les violettes, les coquelicots et les camélias,
et toute ma famille les aime aussi, et vous ?"

Hier les trois enfants
ont cueilli des fleurs et les ont pressées
entre les pages de leurs livres.

Ce fut sous un pommier en fleurs
que mon regard croisa le vôtre.
Vous en souvenez-vous?

REMEMBERING SPRING

Normally
Vancouver Island
has mild weather
but this year
a fierce winter has arrived.

When it is howling,
when a blizzard from Alaska
pulls out trees and destroys roofs,
when icicles are forming inside my windows,
I think of the sunny country.

When it snows like this,
when the wind tugs at our coats
and we run,
I think of the sunny country
inside of me.

I think of the spring
in so many friends I knew,
In so many lives stopped
suddenly.

Their spring stolen
a spring that never came.

SOUVENIRS DU PRINTEMPS

Je pense au pays ensoleillé
quand le vent hurle
quand le blizzard de l'Alaska,
arrache les arbres et détruit les toits.
Des glaçons se sont formés
à l'intérieur de mes fenêtres.

Je pense au pays ensoleillé
quand il neige comme ceci,
quand le vent nous fait courber
sous nos manteaux et nous fait courir.

Je pense à ce printemps
à l'intérieur de moi,
tant d'amis que je connais,
tant de vies, arrêtés
soudainement.

Ce printemps volé,
Ce printemps qui ne viendra jamais.

PACIFIC

They called you the Pacific
and rightly so, since
you calm
the anguish, terror and despair
of people
who drown in your waves.

In 1978 my uncle Hoai
left Quang Ngai legally
at the typhoon season
at night on an old
crumbling fishingboat
with three hundred passengers,
at that time of year
almost suicidal.

When they were already at sea
the radio announced Typhoon Five.
Engine trouble,
and the pumps weren't working.
The navigator wasn't a navigator
the mechanic wasn't a mechanic.
They had to land on an island
near Mount Nitzen.

After twenty-two days,
they left again,
the Vietnamese soldiers forbidding them
to return.

(Cont'd)

PACIFIQUE

Pacifique
nom bien mérité
puisque vous pacifiez
l'angoisse, la terreur
et le désespoir
des personnes
noyées dans vos eaux.

En 1978 mon oncle Hoai quitta
Quang Ngai légalement
à la saison des typhons
la nuit, sur un vieux
minable bateau de pêche
avec trois centaines de passagers
à cette époque de l'année,
presque un suicide.

Lorsqu'ils étaient déjà en mer
la radio annonça Typhon Cinq.
Des problèmes de machine
et la pompe ne marchait pas.
Le navigateur n'était pas un navigateur.
Le mécanicien n'en était pas un.
Ils durent accoster sur une île
près du Mont Nitzen.

Après vingt-deux jours
ils partirent de nouveau,
les soldats vietnamiens
leur défendirent
de retourner sur leurs pas.

Typhoon Seven approached:
waves like mountains,
their boat, a toy of the sea.
Nothing more to vomit.
Rocks appeared.
And they were driven
onto a barren shore
between pale cliffs.

After the typhoon,
calm,
the soldiers
forced even more people on board
and out again to sea,
the horizon a curly thread,
emptiness
no birds
no drinking water.

The radio announced
only a five-knot wind.
They listened
as the night waves grew loud
and louder.

Next day they landed
on Chinese Hainam,
were sheltered
almost a month
in Linh Suoi,
awaiting Typhoon Eighteen
and Nineteen.

(Cont'd)

Typhon Sept s'approcha:
des vagues comme des montagnes,
leur bateau, un jouet dans l'océan.
Plus rien à vomir.
Des rochers apparurent.
Ils furent tirés
vers une rive stérile
entre de pâles falaises.

Calme après le typhon,
les soldats les forcèrent à accepter
plus de personnes sur le bateau
et ils s'en furent sur la mer
de nouveau.
L'horizon un fil courbé
vide,
sans oiseau,
point d'eau potable.

La radio annonça
un vent de seulement cinq noeuds.
Ils écoutèrent.
Les vagues de la nuit
devenaient de plus en plus fortes.

Le lendemain à l'île chinoise de Hainam.
Ils furent abrités presque un mois
à Linh Suoi attendant Typhon Dix-huit
et Dix-neuf.

This time they didn't travel
far from the coast.
A great wave came,
followed by others.
Then two fishing boats were sighted
not far off
but the refugees' boat
was so old, slow
it took hours to reach them.
Change of course.

Finally the *Three Mountains*
hove into sight, a marker
on the way to Hong Kong.
But again the waves
broke over the gunnels,
and nobody in the area to help,
the boat turning in circles
darkness falling.

At dawn they arrived amid palm-trees,
could buy food, medicine
from the villagers
all the while a violent storm
of rain and wind blowing.

The soldiers offered shelter
for thirty-two days.
Everybody agreed that
their boat, its planks gaping,
shouldn't venture again to sea.

(Cont'd)

Cette fois-ci
ils n'eurent pas à voyager
loin des côtes.
Une grande vague vint
suivie par d'autres.
Deux bateaux de pêche
furent en vue
mais le bateau de pêche
était si vieux, si lent!
Deux heures
pour les rattraper.
Changement de course.

Finalement *Les trois montagnes*
étaient en vue, un jalon
sur la route de Hong Kong.
Puis de nouveau les vagues
débordèrent les plats-bords
et personne dans les environs
pour les aider.
Le bateau tourna en cercles,
la nuit tomba.

À l'aube ils arrivèrent
parmi les palmiers,
purent acheter de la nourriture,
des médicaments
des villageois, pendant ce temps
un violent orage
de pluies et de vent
soufflait.

Les soldats leur offrirent
un abri pendant
trente-deux jours.
Tout le monde s'accordait:
leur bateau
dont les planches bâillaient
ne pourrait s'aventurer de nouveau.

Then two other Vietnamese
fishing-boats of better quality,
sheltering from the typhoon,
accepted them.

After thirty more hours
they saw sail boats, merchant-ships,
steamers, freighters,
fishermen with long hair and jeans
buildings and more buildings.
Everybody shouted, "Freedom! freedom!"

For the first time my uncle
felt no sea-sickness,
no emotion,
no pain
from rain, waves, storms,
typhoons, sun.
My uncle cried.

It had been seventy days since
they left Vietnam.

Some escaped by the Gulf of Siam
were attacked by Thai pirates
were raped, robbed or killed.
Some landed in Malaysia, Indonesia.

It's estimated 50,000 people
died at sea.
For each boat safe,
one, at least, went down.

Alors deux autres bateaux
de pêche vietnamiens
de meilleure qualité
s'abritant du typhon
les acceptèrent.

Après trente heures de plus,
ils virent les voiliers,
navires de commerce,
paquebots, cargos,
des pêcheurs avec de longs cheveux,
des jeans et des bâtiments,
encore des bâtiments.
Chacun cria: "Liberté! Liberté!"

Pour la première fois
mon oncle
n'ayant pas senti le mal de mer
ni d'émotion
ni souffert de la pluie, des vagues,
des orages, des typhons, du soleil,
mon oncle pleura.

Soixante-dix jours
depuis le départ du Vietnam.

D'autres se sont échappés
par le golfe du Siam,
furent attaqués par les pirates thais,
furent volés, violés, ou tués.
Quelques uns accostèrent
en Malaisie, Indonésie.

On estima à 50000 personnes
le nombre des personnes
qui périrent en mer,
pour chaque bateau arrivé
à bon port,
un au moins, a péri.

ODOURS

It is your smell I miss most
when I lie back with the little one
these cold autumn nights
the rains against the window.
Where are you, in what house, what bed?
I remember the smell
of milk, bread, love.

It used to be my parents' house.
I remember separate beds:
my mother's, with the tiger balm,
my father's eau-de-cologne,
and grandmother's delicious opium aroma.
(She was old and sick, so was allowed
to smoke opium in Vietnam.)

Our bodies secrete strange perfumes.
The little one seizes the clothes
I have just shed,
rolls herself within,
inhaling milk, bread, opium, tiger balm.

ODEURS

C'est ta senteur qui me manque le plus
lorsque je m'étends avec la petite
ces nuits froides d'automne
quand il pleut si souvent.
Où es-tu, dans quelle maison,
dans quel lit?
Je me rappelle la senteur saine
de lait, pain,
de notre amour.

C'était la maison de mes parents.
Je me rappelle leurs lits séparés.
Celui de ma mère avec son baume du tigre
et celui de mon père avec son eau-de-cologne.
Celui de ma grand-mère
avec son délicieux arôme d'opium.

Nos corps secrètent
d'étranges parfums.
La petite respire toujours
dans les vêtements
que je porte,
saisit ceux que je viens d'enlever
et s'enroule inhalant
lait, pain, opium, tigre.

TIME OF DINOSAURS

On our way to the Pacific
we entered the Badlands,
and were hidden in the desert,
bare and dry as the moon itself.

A petrified land,
bones not only of dinosaurs,
but crocodiles, camels,
horses and mastodons.

My heart leapt
into the times of dinosaurs,
and beyond to a time
before fields of ice
buried the tropical heart
of the forest
with its fabulous mammals,
before the final calamity
that gave us this land
we dare not look at now.

TEMPS DES DINOSAURES

Sur notre chemin vers le Pacifique
nous entrions dans la terre des Badlands:
cachée dans ce désert, nue, desséchée,
comme la lune.

Une terre pétrifiée.
Des os non seulement de dinosaures,
mais de crocodiles, chameaux,
chevaux et mastodontes.

Mon coeur fit un bond,
non seulement au temps des dinosaures,
mais en ce temps
d'avant les champs de glace,
où se trouvait le coeur tropical
de la forêt
avec ses fabuleux mammifères,
avant que la catastrophe finale
ait changé cette place en une terre
que nous évitions de regarder.

BOTANICAL BEACH

For Diane, Jean-Louis and their children.

The road was not paved
and we had a long way
to carry our bags.
Just in time
we settled for the night,
the beach deserted, the tide rising.
I feared we'd be swept away
while we slept.

Jean-Louis and his children
arrived in the morning.
Together we explored the shore.
Kilometers of mussels, a French delicacy.
Oysters, and barnacles, a Portuguese soup.
And anemones of every colour
to delight our children.

We joined our friends in Kwakintl camp,
watched Jean-Louis teach his children to fish.
A miracle: one or two perch
with every cast.

Right on the beach,
a family broiled crabs,
shared them for supper.
The children offered boxes filled
with yellow wild berries, some enormous.
Surely it is the Great Spirit's land.

PLAGE BOTANIQUE

À Diane, Jean-Louis et leurs enfants

Route non pavée.
Nous avions un long chemin
avec nos sacs.
Juste à temps pour s'installer la nuit.
La plage déserte, la marée montait,
je craignais que nous soyons emportés
pendant notre sommeil.

Jean-Louis et ses enfants
arrivèrent le matin.
Ensemble nous explorâmes la rive.
Des kilomètres de moules,
des huîtres, des bernicles,
et des anémones de toutes couleurs
contemplées par tous nos enfants.

Nous rejoignîmes nos amis au camp Kwakintl.
Jean-Louis montre
à ses enfants comment pêcher,
une pêche miraculeuse, une à deux perches
à chaque lancée.

Sur la plage une famille
faisait bouillir des crabes,
les mettait en boîte,
les partagèrent avec nous pour souper.
Les enfants nous offrirent
des boîtes remplies de fruits,
de jaunes baies sauvages,
quelques-unes énormes.
C'est certainement la terre du Grand Esprit.

ACROSS THE COUNTRY

My beloved rose early in the morning,
started the motor in darkness,
devoured towns and cities
on roads full of traffic.
He rolled down the valleys,
climbed plateaus
where the water is blue and clear.
He chose mountainous roads.
All day long
nothing frightened him.

Because he was born in a free country
space belonged to him.

À TRAVERS LE PAYS

Mon bien-aimé se lève tôt le matin
démarre le moteur quand il fait encore nuit,
dévore les villes grandes et petites.
Nous dépassons les lacs gris,
les routes pleines de circulation.
Il roule dans le fond des vallées
et grimpe jusqu'en haut des montagnes,
où l'eau est bleue et claire.
Nous voyons même le lac tout vert.
Il choisit les routes montagneuses.
Tout le long du jour,
rien ne l'effraie.

Né dans un pays libre
l'espace lui appartient.

MORNING AIKIDO LESSON

> *And it is always,*
> *the same consent,*
> *the same youth,*
> *the same pure eyes,*
> *the same revelation.*
>   —Paul Eluard, *Human Pyramid*

My daughter Linh is standing in the middle of the dojo

Ichi (1) she raises her arms, stretches to the right.
    The summer light springs through the arbutus.

Ni (2) she raises her arms to the left.
    The rest of the camp remains still.

San (3) she bends her arms to the right.
    She sees the path to the sea.

Chi (4) she bends her arms to the left.
    A flock of migrating warblers are whistling.

Go (5) her arms and hands spread out.
    The shore is bare as the tide lays low.

Roku (6) arms and hands on the reverse side.
    Here are the rocks, where crabs and starfish live.

Shichi (7) she rolls in a swift move.
    From far away the tide is coming.

(Cont'd)

LEÇON D'AÏKIDO MATINALE

Et c'est toujours
le même consentement
la même jeunesse
les mêmes yeux purs
la même révélation.
Paul Eluard, *la Pyramide humaine*

Ma fille Linh se tient au milieu du dojo

Ichi (1) elle lève les bras, les étire à droite.
    La lumière de l'été surgit à travers l'arbutus.

Ni (2) elle lève les bras à gauche.
    Le reste du camp demeure tranquille.

San (3) elle courbe les bras à droite.
    Elle voit le chemin vers la mer.

Chi (4) elle courbe les bras à gauche.
    Une bande d'oiseaux chanteurs et migrateurs
    a sifflé.

Go (5) ses bras et ses mains étendus.
    La rive est vide à marée basse.

Roku (6) les bras et les mains sur le côté opposé.
    Voici les rochers où les crabes et les étoiles de mer
    vivent.

Shichi (7), elle roule d'un mouvement leste.
    De loin la marée vient.

Hachi (8) here she is rolling back.
    The waves running in the ocean.

Ku (9) she looks for a partner.
    She becomes this wave rolling.

Ju (10) she faces her partner.
    She looks at him in the full light.

Hachi (8) là elle est en train de rouler.
   Les vagues continuent de courir dans l'océan.

Ku (9), elle cherche son partenaire.
   Elle devient cette vague roulante.

Ju (10) elle fait face à son partenaire.
   Elle le regarde dans la pleine lumière.

GIBSONS

While Aikido's practitioners
were exercing their Ki in the Dojo
I was out strolling:

Three rows of mountains, the last covered with snow,
one bay, strangely calm.
On the shore, blackberries, salmonberries, ferns.
A pier, full of young students and their instructors.

Some in kayaks, shouting, struggling with their paddles.
Some in a two-seater boat, yelling, venturing afar.

Behind the pier,
one duck, with its flat feet:
this way and that way,
its head, its neck, like a sail
its tail like a tiller behind
never tiring,
gracious,
without noise.

GIBSONS

Pendant que les pratiquants d'Aïkido
exercent leur Ki dans le Dojo
je me promène:

Trois chaînes de montagnes,
la dernière couverte de neige.
Une baie, étrangement calme.
Sur la rive, des mûres, des baies sauvages,
des fougères,
Une jetée, pleine de jeunes étudiants
et leurs instructeurs.
Tous les bruits vivants.

Quelques-uns en kayaks, criant,
luttant avec leurs rames.
Quelques-uns dans un bateau à deux places,
hurlant, s'aventurant au loin.
Quelques-uns essayant de prendre la mer,
quelques-uns maniant la barre.

Derrière la jetée,
un canard, avec ses pattes plates:
Par ici et par là,
Sa tête, son cou, comme une voile,
Sa queue comme une barre
sans jamais se fatiguer,
glisse gracieux,
sans bruit.

POOL OF YOUTH

Early in the morning:
kids with their mothers
young women doing their exercises.
Then our group
the "nifty fifty."

Today I dreamed
the fountain of youth,
seniors entering
the water
with an adult's strength
emerging finally
as infants
in their mothers' arms.

The circle of life
reversed,
through
water

our origin
our end
our new beginning.

PISCINE DE JEUNESSE

Tôt le matin:
des enfants avec leurs mères,
jeunes femmes faisant leurs exercices,
puis notre groupe
"la pimpante cinquantaine."

Aujourd'hui je rêve
à la fontaine de jeunesse,
où les aînés entrant
dans l'eau
avec leur force adulte
émergeraient enfin
enfants
dans les bras de leurs mères.

Le cercle de la vie
renversé
à travers
l'eau

notre origine
notre fin
notre nouveau commencement.

HE COVERED ME WITH A BLANKET

He covered me
when I was sick,
useless, hopeless,

when I was naked
in the world's eyes.

In Montpellier station,
he took all my luggage
on his back,
put his arms around me.
Mother said:
"He is the one for you."

When my family arrived from France,
Ma, Na, Mi, Kieng, Tchieng, Te, Ti,
he covered them all
with his signature.

It was like
the warm blanket
I felt around my father
who never touched me
his whole life, as I recall.
(He was too Confucian—
Man shouldn't touch woman unless they are married.)

It was like
the invisible shawl
knitted by nuns' prayers
in the convent at Dalat
to protect me
from life's perils.

(Cont'd)

IL M'A RECOUVERTE

Il m'a recouverte
quand j'étais malade
inutile,
sans espoir,

quand j'étais nue
aux yeux du monde.

À la station de Montpellier
il a mis tous mes bagages
sur son dos,
passé ses bras autour de moi.
Ma mère a dit:
"C'est l'homme qu'il te faut."

Quand ma famille est arrivée de France:
Ma, Na, Mi, Kieng, Tchieng, Tê, Ti,
il les a couverts avec sa signature.

C'était comme
la chaude couverture
que j'ai sentie autour de mon père
qui ne m'a jamais touchée
toute sa vie comme je me rappelle
(Il était trop confucéen:
les hommes ne doivent pas toucher les femmes
sauf quand ils sont mariés.)

C'était comme
le châle invisible
tricoté par les prières des religieuses
dans un couvent à Dalat
pour me protéger
des dangers de la vie.

It was like
the network of women in Quebec—
Monique, Martine, Jeanne, Gloria, Marie-Louise—
who rescued me;
And Marie-Claire, Mary, Gloria, Chantal, Monique
who sponsored my cousin's family,
so that through the long winter
I felt *notre amitié*
as a warm current
under the icy cold.

It was like
the people on the streets of Victoria—
bus drivers, friends from Aikikai,
Jean-Louis, Diane, Cor, Yoke, Dave,
Lloyd, Andrée, Chiu, Fong—
who made us their family.

It was like
an immense quilt,
of all the help and love
I received over
years and oceans.

It is this human warmth
of the country
I belong to.

C'était comme
le réseau des femmes du Québec—
Monique, Martine, Jeanne, Gloria, Marie-Louise
qui m'ont secourue.
Et Marie-Claire, Mary, Gloria, Chantal, Monique
qui ont "marrainé" la famille de ma cousine,
de sorte qu'à travers le long hiver du Québec
je sentais notre amitié
comme un courant chaud
sous le froid glacial.

C'était comme
les personnes dans les rues de Victoria
les chauffeurs d'autobus, les amis de l'Aikikai
et Jean-Louis, Diane, Cor, Yoke, Dave,
Lloyd, Andrée, Chiu, Fong
qui ont fait de nous leur famille.

C'était comme
une immense courtepointe
de toute l'aide
et l'amour
que j'ai reçus
à travers les années
et les océans.

Cette chaleur humaine
est le pays
auquel j'appartiens.

ABOUT THE AUTHOR

Thuong Vuong-Riddick was born in Hanoï in 1940—during the French regime. Under Ngô-Dinh Diêm, she moved to Saïgon and obtained her B.A. degree, but was soon caught up in the war of political factions. In 1962 she travelled to Paris where she acquired a second B.A., an M.A. and her Doctorate. She has taught French in both Saïgon and in Paris. In 1969 she emigrated to Canada where she taught literature at the University of Montreal and at McGill University. In 1981, she moved to Victoria, British Columbia, where she taught at the University of Victoria until 1989. She has also worked in television, specializing in programmes for the Vietnamese and French communities.

Two Shores/Deux rives is her first collection of poetry. She is presently at work on a prose memoir of her family in Vietnam.

À PROPOS DE L'AUTEUR

Thuong Vuong-Riddick est née à Hanoï en 1940. Elle vint à Saïgon obtint sa licence en lettres. En 1962 elle arriva à Paris pour une deuxième licence, son D.E.S. et son doctorat de 3ème cycle. Elle a enseigné le français à la fois à Saïgon et à Paris. En 1969 elle émigra au Canada où elle a enseigné la littérature à l'Université de Montréal et l'Université McGill. En 1981 elle déménagea à Victoria où elle a travaillé à l'Université de Victoria jusqu'en 1989. Elle a aussi animé à la télévision des émissions pour les communautés vietnamienne et française.

Two Shores/Deux rives est son premier recueil de poésie. Elle travaille actuellement sur l'histoire de sa famille au Vietnam.

11/14